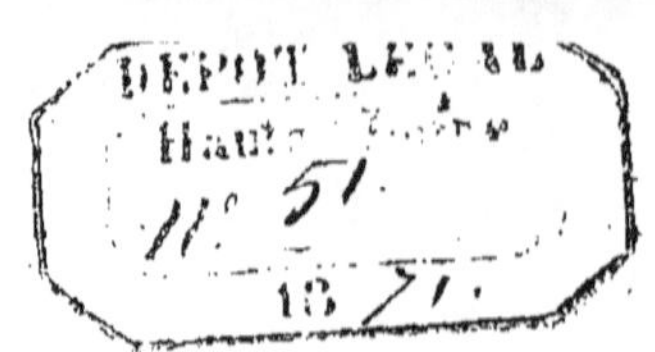

LA

RÉPUBLIQUE

ET LES

RÉSULTATS QUE NOUS DEVONS EN ESPÉRER

par Camille MORIN

C'est la qualité et non la quantité
qui fait les choses bonnes.

VENDU AU PROFIT

des Veuves et Orphelins de la guerre

Prix: 1 franc

BRIOUDE

IMPRIMERIE ET LITHOGRAPHIE DE L. GALLICE FILS

1871

LA RÉPUBLIQUE

ET LES

RÉSULTATS QUE NOUS DEVONS EN ESPÉRER

Tous les gouvernements qui se sont succédés depuis plus d'un demi-siècle, je veux parler des gouvernements monarchiques, ne nous ont laissé après eux que déceptions, ruines, désastres et humiliations. Le peuple français, dans son dévouement pour ses rois, ses empereurs, n'a pas craint de leur confier ce qu'il avait de plus cher, ses droits, qu'ils ont méconnus !....

Après tant de déceptions, la France songerait-elle à revenir à ses rois, sans faire preuve du plus grand aveuglement et courir à sa perte ? Je ne puis le croire. Cependant, un parti réactionnaire s'agite, en ce moment, pour replacer sur le trône les descendants de ses rois et de ses empereurs, et nous les imposer comme indispensables.

En vérité, on dirait que mû par un esprit de vertige, ce parti rétrograde s'oppose à tout progrès et veut ne tenir aucun compte des fruits de l'expérience ; tant il est vrai, quand il s'agit de combattre d'anciens préjugés et d'amener les esprits à des vérités nouvelles, qu'on trouve à chaque pas la contradiction, et souvent l'on court le risque d'être blâmé avant d'être jugé par des hommes que la passion égare, et qui sacrifieraient le monde entier à leurs principes de souveraineté, ce qui n'est autre chose que

le règne du bon plaisir, des faveurs et de la prodiga-
lité, qui a accru à chaque dynastie la dette publique
et l'a portée à plus de vingt-cinq milliards, presque
trois fois le numéraire que nous possédons !....

Comment remédier à tant de désastres et à tant
de ruines ?

Ce n'est que par un gouvernement à bon marché,
par la République, gouvernement par sa nature
essentiellement économe, n'accueillant dans son sein
que des hommes probes et honnêtes qui, mettant
de côté leurs intérèts personnels, n'auront d'autre
but que le bien public. Il faut donc que leurs traitements soient minimes, qu'ils mettent l'honneur à
la place de l'or, et qu'ils soient fiers de commander
à des hommes libres sans chercher à s'enrichir à
leurs dépens.

Dans la cruelle situation où se trouve la France,
par la dette énorme qu'elle a prise sous tous les dif-
férents gouvernements qui se sont succédés, et par
la guerre malheureuse qu'elle vient d'essuyer par la
faute d'un seul homme, parjure en qui elle avait
confié ses destinées et le droit de faire la paix ou
la guerre à son gré, bien fatale complaisance dont
elle supporte aujourd'hui les tristes conséquences ;
il lui faut douze cents millions d'intérêts par an
pour satisfaire à ses engagements, par les emprunts
qu'elle a faits et qu'elle vient de faire, qui, pris sur
son budget, ce qui ne lui en laissera pas la moitié pour

parer à ses dépenses gouvernementales. On frémit à un pareil avenir pour elle....

Cependant, sous le premier empire qui avait de nombreuses armées, qui avait joint à ses conquêtes celles de la République, qui formait un état bien plus puissant que celui que nous possédons, son budget ne dépassait pas la somme de guère plus d'un milliard. Mais l'Etat n'avait pas de dettes.

Notre budget, avant la guerre, était de deux millards cent et tant de millions. Avec les nouveaux impôts que vous vous proposez de lever sur une partie des objets de commerce et de consommation, tels que sucre, café, tabac et une infinité d'autres objets, soierie et lin, matières premières servant au tissage des étoffes, vous portiez votre budget à deux milliards quatre cent millions; somme énorme, dépassant tous les budgets des nations du globe! ...

En le scindant, il resterait douze cents millions qui, sagement répartis, pourraient suffire aux besoins de l'Etat. Par le fait, on ne devrait rien, puisque l'autre moitié serait consacrée à servir la dette publique.

Mais chacun devrait, de bonne foi, contribuer aux charges de l'Etat; c'est un devoir et non une contrainte, car sous un gouvernement républicain il ne doit pas y avoir de priviléges, et c'en serait un que de jouir des bienfaits d'un gouvernement sans coopérer à ses charges.

Ne savez-vous pas ce qui a fait la révolution de
89? C'est la dette publique, déjà commencée sous
Louis XIV et augmentée sous la minorité de Louis
XV par le régent, et plus tard, par le règne de
Louis XV.

Louis XVI, arrivant au trône, trouva la France
endettée de deux milliards. Le Trésor était épuisé,
plus de crédit, que faire? Dans son embarras, il
ne crut mieux que d'appeler près de lui, pour
ministres, deux hommes de bien qui, par leurs
lumières, devaient répondre à sa confiance et réparer
les désastres. C'étaient Turgot et Lamoignon qui lui
conseillèrent de faire quelques réformes, pour
calmer les esprits excités par les abus d'un reste.de
féodalité, tels que les lettres de cachet, le monopole
des grains, les maîtrises, les jurandes, les corvées,
et le privilége du clergé et de la noblesse à ne pas
participer aux charges de l'Etat. S'il avait écouté
leurs conseils, au lieu de ceux de ses courtisans, que
ces sages mesures frappaient!.... Ils firent tant
près de lui, qu'ils le décidèrent à les renvoyer, et
mettre à leur place un Calonne, un Loménie de
Brienne, ministres corrompus et prodigues qui, au
lieu de diminuer la dette publique, ne firent que
l'augmenter, et occasionnèrent la Révolution, qui
fit crouler son trône et lui fit perdre la vie.

Un Etat n'est riche qu'autant qu'il peut se suffire
à lui-même et rendre les autres nations tributaires

de son commerce et de son industrie. La France possède tous ces avantages, mais il faut que son gouvernement la seconde par de sages mesures Ce n'est pas
en imposant les matières premières de son industrie
trop fortement qu'il parviendra à la faire prospérer.
Non, si les fabricants, par la supériorité de leur travail, l'emportent sur les autres nations, et si leurs
marchandises font prime sur tous les marchés de
l'Europe et appellent par leur vente de nombreux
capitaux qui font la richesse de la France, ils ne
pourront avoir cet avantage du moment que leurs
matières premières seront plus imposées que celles
des autres nations qui fabriquent comme eux, telles
que l'Angleterre, la Suisse, la Belgique, la Prusse.
Ne pouvant soutenir la concurrence, pour ne pas
perdre ils cesseront de fabriquer, ou réduiront leur
fabrication et priveront par là la France de ses plus
grandes richesses commerciales qui l'alimentent et
font sa prospérité.

Ne savez-vous pas que la ville de Lyon fabrique
annuellement pour six à sept cents millions d'étoffes
de soie, qu'elle lance chaque année sur tous les
marchés du globe ? Prélevez, si vous le voulez, la
moitié de cette somme pour les matières premières ;
reste donc pour elle et ses nombreux ouvriers qu'elle
occupe trois cents et tant de millions de bénéfice.
Il en est à peu près de même pour Saint-Etienne.
De façon que ces deux villes laissent à la France une

somme en bénéfice de cinq à six cents millions par an qui, répandue dans son sein, fait une portion de sa richesse et de sa gloire.

Jugez des autres branches d'industrie qu'elle possède. Paris fait à lui seul des milliards d'affaires par an ; sans compter les autres villes qui composent son Etat, qui, par leurs commerces florissants, contribuent à sa richesse. Mais il faut que la concorde et l'union règnent parmi ses habitants. L'union fait la force ; sans elle rien de stable. Avec de pareilles ressources elle saura réparer ses pertes. Elle reprendra le premier rang qu'elle occupait parmi les nations avant ses malheurs.

Je désirerais que le gouvernement ménageât ses capitaux et les retint autant que possible, car l'argent appelle l'argent. Chaque année, par la suppression de l'échelle mobile, de nombreux capitaux sortent de France pour l'achat des grains étrangers qui inondent ses ports, venant de Russie, de Pologne, des Amériques, se vendant à bien meilleur marché que les nôtres, par la raison que leur prix de revient est deux fois meilleur marché que le nôtre. D'abord leurs terres sont plus fertiles ; le prix de la main-d'œuvre est peu de chose ; c'est par des serfs, en quelque sorte, à qui ils donnent la nourriture et peu d'argent, que leurs terres se travaillent ; tandis que chez nous, par le haut prix dont nous payons la main-d'œuvre, nous ne pouvons lutter de prix avec ces nations. Il n'y a qu'un moyen pour y remédier, c'est le rétablissement de l'échelle mobile qui existait avant M. Rouher (1). Nos anciens en l'établissant, en avaient su apprécier l'avantage.

La France produit annuellement plus de grain qu'il lui en faut pour sa consommation, par le développement qu'elle a donné à son agriculture, et les primes d'encouragement que l'Etat distribue chaque année. Le propriétaire, par cette sage mesure, trouverait une compensation à ses travaux; et la terre qui était pour lui en quelque sorte à charge, reviendrait la mère nourricière pour tous. Le sage Sully comparait le commerce et l'agriculture à deux grandes mamelles nourrissant l'Etat.

L'échelle mobile avait cet avantage : tant que les grains de la France suffisaient à sa consommation, on interdisait l'entrée des grains étrangers, ou ils étaient grevés d'un droit si fort que cela valait l'interdiction. Ce n'était que dans les années exceptionnelles, lorsque la France manquait de grains, qu'on levait l'interdiction.

La France a ce privilége sur les autres nations, qu'elle peut se passer d'elles, et qu'elles ne peuvent se passer de la France. Elles ont besoin de ses vins, qu'une grande partie de leurs climats ne peut produire. Source de richesses pour la France, elle les rend tributaires de ses arts, de toutes les ressources,

(1) Qui l'a détruite sous son ministère.

de son génie qui enfante des merveilles, recherchées par tous les pays du monde, qu'aucune nation ne peut égaler et qui font sa prospérité et sa gloire.

Que lui manque-t-il? L'union, l'ordre et la paix.

Que chacun s'empresse de mettre de côté tout esprit de parti, et ne voie dans la France qu'une mère éplorée de tant de malheurs qui l'ont accablée, qui lui tend les bras pour qu'on vienne à son aide et la soulager de tant d'infortunes, en déposant dans sa sébile l'offrande de la patrie. Que tous y contribuent sans exception. C'est par là que le Trésor augmentera ses ressources et pourra satisfaire à ses engagements, sans trop prendre sur le commerce et l'agriculture.

J'accompagne ces considérations d'une brochure que je fis paraître en 1848, ayant pour titre : *La République et les résultats que nous devons en espérer*, écrit dans lequel j'indiquais les moyens d'éteindre la dette publique. Je pense qu'aujourd'hui les circonstances sont les mêmes, et que la faire reparaître de nouveau je puis être utile à mon pays. Trop heureux si les réformes que je propose pouvaient être goûtées. Ce serait pour moi une bien douce satisfaction, en pensant que j'ai pu servir ma patrie.

C'est là toute mon ambition.

Je la donne ici, telle que je la fis paraître en 1848.

Camille MORIN.

LA RÉPUBLIQUE

RÉSULTATS QUE NOUS DEVONS EN ESPÉRER

Salus populi suprema lex esto.

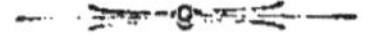

Une ère nouvelle vient de s'ouvrir pour nous. A un gouvernement parjure, vient succéder la République; état essentiellement démocratique, dont la marche est pour le bonheur de tous, fait par tous; c'est-à-dire qu'en supprimant les priviléges, elle n'admettra dans son sein que des hommes purs, sans distinction ni de rang ni de fortune; le mérite sera seul appelé à la représenter. Ce gouvernement, se proposant le bien-être social, comment y arrivera-t-il? Sa tâche est grave et pénible, en ce que étant obligé de corriger les abus, et d'éteindre les dettes d'un gouvernement faible et sans boussole, auquel il vient de succéder, il lui faut une grande prudence pour y remédier, et ce n'est qu'avec du temps et beaucoup d'économies, que la République sortira triomphante de la position qu'elle s'est créée ; il faut qu'elle entre franchement dans la voie des améliorations, que les réformes viennent à sa suite, pour effacer les abus d'un gouvernement prodigue et immoral, qui ne se maintenait que par la corruption et les places qu'il distribuait à ses adeptes, sans aucune sympathie pour les classes laborieuses qui font la richesse et le bonheur des états ; il les traitait comme le lion de la fable ; il leur faisait trop d'honneur que de leur laisser à peine le nécessaire pour leur prendre tout le fruit de leurs labeurs : pour enrichir lui et ses dévoués.

Un tel état de choses n'était plus tenable. Il devait périr par les excès ; il était depuis longtemps frappé par l'opinion publique, et ceux mêmes qui étaient appelés à le soutenir, l'armée s'est jointe à la généreuse insurrection du peuple, pour faire triompher la plus sainte des causes, la cause populaire !

Voyons ce que se propose ce gouvernement ? La liberté de tous par tous ; l'égalité, c'est la justice pour tous, et la fraternité c'est le bonheur de tous par tous ; devise admirable et sublime sortie des mains du Créateur ! sans son péché originel qui malheureusement est le fruit d'un gouvernement déchu qui lui a laissé ces plaies et ces misères !.. ..

Il est bien difficile de faire revenir la société à cet
état de pureté et de probité que la République, qui
a pour mission le bonheur de tous, par sa moralité
qui est son essence, ne pourra jamais atteindre ce
but, si chacun ne mesurant ses forces, veut dépasser
les limites que la nature lui a tracées. Dans son
opinion, le genre humain, marchant de progrès en
progrès, est appelé à une perfectibilité indéfinie ;
chaque pas qu'il fait dans les sciences il se rappro-
che de plus en plus du bien, du vrai, du beau, et
cette constante progression ne doit pas s'arrêter ! à
tel point que, prenant l'éternité pour marge, le genre
humain pourrait devenir Dieu, qu'elle que soit l'incessante progression de l'homme dans l'ordre physique comme dans l'ordre moral. Il y a un terme qu'il
ne pourra jamais dépasser, c'est la perfection qui
n'est que l'attribut de la divinité, et que l'espèce
humaine dans son orgueil pourra approcher, mais
jamais atteindre ! C'est d'après ces vues que certains
publicistes n'écoutant que les sentiments dont ils
sont pénétrés, et ne voyant dans la société humaine
qu'un composé d'êtres homogènes, mus par les
mêmes passions, les mêmes idées, n'ont d'autre but
que la perfectibilité. Etrange erreur ! Car chaque
être, en naissant, porte avec lui son idiosyncrasie,
que l'éducation peut modifier, mais jamais changer.
Car l'espèce humaine n'est qu'une des productions
de la nature qui est si variée, si modifiée en tout,

que la vouloir soumettre au même régime d'unité,
.ce serait dévier à ces lois qui ne sont constantes que
dans sa variété : de manière que le communisme,
qui voudrait appeler au même banquet de la vie
tous les êtres humains, ne s'aperçoit pas que beaucoup de convives, ne suivant que leur nature ins-
tinctive, dévoreraient la part du plus faible. C'est-
à-dire que, suivant leurs penchants, leurs passions,
ils auraient aliéné du jour au lendemain la part prise
dans l'héritage de la grande famille, il faudrait de
nouveau recommencer pour eux ; ce ne serait plus
que la lutte du plus fort contre le plus faible ; et de
cette lutte incessante résulterait le désordre social.

D'autres n'aimant qu'à considérer le côté beau de
l'humanité, veulent mettre en principe l'organisation
du travail ; mais le monde moral a, comme le monde
physique, ses menaçantes aspérités, ses gouffres, ses
flots impurs ; et la mission du moraliste est de
rechercher tout ce qui tient aux penchants, aux
entraînements, aux passions de l'homme, pour pou-
voir le diriger dans les sages voies, tout en faisant
la part de la faiblesse humaine qui est sujette à l'erreur par sa nature même, et qui résistera toujours à
tous les efforts que l'on pourra tenter pour l'amener
à une association universelle, obligatoire, régie par
une volonté suprême. Association forcée, dont les
rouages seraient mis en mouvement par l'impulsion
de l'Etat, ne serait autre chose que l'absolutisme

despotique, transporté dans le domaine du travail. Du moment où l'ordre dépend d'un mécanisme, où la liberté lui est subordonnée, où la fraternité elle-même dégénère en un rouage matériel, on tombe dans l'oppression ; à la vie, on substitue la mort....

C'est ainsi que s'est exprimé Wolwski, en réfutant la théorie de M. Louis Blanc, sur l'organisation du travail, système beau en hypothèse, mais inapplicable en pratique. Franchement, M. Louis Blanc, quelle que soit votre puissance, je vous la fais au-dessus de toutes les forces humaines, pourrez-vous associer pour le travail tous les êtres dont se compose la société ? Vous me direz qu'ils ont tous reçu, en naissant, la mission de travailler ; que c'est une suite de leur péché originel ; que tout être qui s'en écarte méconnaît les lois divines et humaines ; que c'est pour lui un devoir de coopérer par ses connaissances et son travail à la grande œuvre de l'organisation sociale, qui veut que chacun porte sa part dans le vaste laboratoire humain. C'est le beau idéal de la pensée de l'homme, non réalisable. Laissez donc à chacun sa liberté ; c'est-à-dire à suivre l'impulsion de son génie qui le porte à enfanter des choses utiles à l'intérêt social ; sans vouloir le contraindre à travailler en commun, avec une foule d'autres qui, n'ayant ni la même intelligence, ni le même désir de bien faire, partageraient avec lui le profit de son travail. Vous tueriez par là l'émulation, vous éteindriez l'intelligence, et le découragement s'emparerait de l'ouvrier laborieux, qui ne verrait dans ce partage ni avenir pour sa famille, ni récompense pour ses travaux.

Ne craignez pas ces êtres qui sont de la même famille, mais d'une nature perverse, que l'on peut considérer comme les classes dangereuses de la société, qui ne font que dévorer ce que les autres produisent ; ce sont les frelons, ils ne sont pas nombreux, ce sont les insectes qui s'attachent au chêne sans pour cela qu'il soit gêné dans sa croissance et son développement. Que l'ouvrier laborieux, que l'homme de génie marche comme par le passé dans le champ du travail et des découvertes, ils trouveront, l'un et l'autre, une ample compensation pour eux et pour la société, dont ils sont les membres, et, en quelque sorte, la providence.

Arrière, loin de nous, ceux qui, s'écartant du travail, ne veulent vivre que des dépouilles des autres. Ils ne peuvent être que d'un très-mauvais exemple, car tout se tient et s'enchaîne dans les ténébreux chemins de la honte ! Qu'ils soient donc regardés comme des parias ; que toute sympathie pour eux cesse ; c'est par ce frein moral que l'on pourra les ramener à leurs devoirs, et, s'ils persistent dans leurs crimes, ils pourront servir de comparaison entre la vertu et les vices. De cette comparaison, la vertu n'en paraîtra que plus belle !

D'ailleurs, la nature, malgré ses êtres malfaisants, ne marche pas moins dans son ordre admirable, tout en les laissant subsister. C'est le Lacédémonien faisant enivrer son esclave pour le donner en exemple aux siens, et, par là, leur inspirer l'horreur de l'ivrognerie.

Autant que M. Louis Blanc, nous déplorons les souffrances des travailleurs ; autant que lui, nous désirons, nous espérons que le moment est proche où ils se relèveront d'une trop longue souffrance, par les sages mesures que le gouvernement va prendre, et d'où naîtra un nouvel ordre de choses qui ramènera le calme et l'ordre qui sont si nécessaires pour amener l'abondance et la sécurité dans notre belle patrie.

« Un des faits sur lequel on ne s'est peut-être pas assez arrêté, en considérant le mouvement actuel des choses qui se passent en Europe, c'est, d'un côté, l'accroissement rapide et progressif de la population dans nos villes, et, de l'autre, les constants efforts du génie industriel pour découvrir des machines, des procédés destinés à rendre inutiles les bras de l'homme. Chaque jour on voit s'augmenter le nombre de ceux qui ont besoin de travailler pour vivre, et de toutes parts nous arrivent des inventions dont le but est de rendre nécessaires le moins de bras possibles. Dans ce double mouvement si contraire, auquel personne ne songe, et que chacun peut apprécier, nous trouvons un immense sujet d'effroi pour l'avenir ! Lorsqu'un royaume ne peut suffire à nourrir tous ses enfants, c'est qu'il y a désordre.

« Si l'on calculait combien de travailleurs ont eu les bras liés par les inventions nouvelles, une longue et funeste liste se dresserait devant nous. Le perfectionnement dans le monde matériel n'a pas profité aux masses, tant s'en faut. Ce qu'on appelle progrès en langue industrielle, est tout simplement un fléau pour les classes ouvrières. L'industriel, uniquement occupé d'amasser de l'or, ne rêve qu'aux moyens de multiplier ses produits et de réduire ses dépenses ; il s'agit pour lui d'arriver à la fortune : et que peut-il trouver de plus beau qu'une machine faisant le travail de cent hommes ! »

« Nous estimons beaucoup les créations du génie, nous aurons toujours des paroles d'admiration pour les combinaisons habiles, les brillantes découvertes : toutefois, le sort des multitudes pauvres mérite ici un bien triste regret. Et puis, nous soupçonnons des inspirations d'individualisme dans cette fureur des esprits inventifs ; ils vous diront qu'ils ne pensent qu'au bonheur de l'humanité ; mais l'humanité, c'est leur coffre-fort. »

Voilà, ce me semble, une des causes qui tourmente aujourd'hui notre société.

Ces observations, que j'emprunte à M. Poujoulat,

ont reçu une bien triste vérité dans la ville de Brioude que j'habite. Elle possédait une fabrique de drap de très-belle qualité. La maison qui la tenait occupait, pour la filature et la texture de ses draps, des centaines d'ouvriers qui trouvaient, dans ce travail, leur existence ; aujourd'hui qu'ils n'ont plus cette ressource, ce sont eux qui assiégent nos portes des plaintes de leur misère !

Je concevrais que l'homme se jetât dans le champ des découvertes, pour soulager, par les inventions de son génie, la faiblesse humaine. Rien de plus beau ! si notre malheureuse espèce n'était pas obligée de travailler pour trouver son existence ; c'est, pour elle une nécessité d'où résulte l'ordre physique et moral. Quelque rang que l'on occupe, personne n'en est exempt.

Dieu, en dispensant d'une manière inégale en apparence le trésor de ses dons parmi le nombre infini de ses créatures, a compensé cette inégalité par d'autres avantages. Il a placé la force dans l'humble fortune à côté de la frugalité et de la tempérance, tandis qu'il a placé les soucis, les maladies, auprès de la richesse. Et c'est de cette compensation que tout marche et se maintient dans l'ordre social, sans exciter aucune récrimination du pauvre contre le riche.

C'est que, par le progrès des lumières, on n'a pas assez calculé que le génie trop fécond finirait par ôter à l'homme le travail qui lui procure l'existence et le bien-être.

Cela me rappelle un fait qui fait honneur à Vespasien, un des meilleurs empereurs romains. On vint lui présenter une machine destinée à transporter, sans le secours de bras, les matériaux nécessaires à la reconstruction du Capitole. Il loua beaucoup l'invention, tout en récompensant l'auteur, mais il voulut qu'on ne l'employât pas, de peur de nuire par là aux gains du menu peuple.

Une autre cause du malaise qui tourmente la société, c'est la dette énorme qu'a prise la République au gouvernement déchu, qui, épuisant ses ressources ne peut donner ni à l'agriculture ni à l'industrie les moyens de les faire fructifier. Ce n'est qu'en éteignant sa dette qu'elle pourra un jour y porter remède : car je ne puis mieux comparer un Etat obéré, qu'au mendiant qui me tend la main dans la rue ; il est libre comme moi, mais il a un tyran qui s'attache à ses pas, qui le suit partout, qui froisse sa liberté : c'est la misère !

Il en est de même d'une nation. Vous aurez beau lui donner de belles lois, si vous ne vous occupez pas de son bien-être matériel, que vous ne diminuiez pas l'impôt qui l'écrase, que les citoyens ne puissent pas vivre en travaillant, vous réduisez leur état au supplice de Tantale ; la liberté ne sera plus pour eux qu'un fruit qu'ils ne pourront jamais atteindre. Je ne vois qu'un moyen pour y remédier, c'est de faire participer Messieurs les capitalistes, (1) les rentiers, les chemins de fer aux charges de l'Etat. Qu'au lieu de cinq qu'ils percevaient, ils ne reçoivent plus que le trois et demie ; ils seront mieux traités que les propriétaires qui n'ont que le deux et demie ; encore il faut qu'ils vendent leurs denrées et qu'ils soient à l'abri des intempéries des saisons. C'est un acte de justice et non un acte arbitraire ; car, dans un gouvernement républicain, il ne doit point y avoir de priviléges, et cela en serait un que de jouir des bienfaits d'une République sans y coopérer. C'est ce qu'ont fait jusqu'à présent les rentiers. La propriété vaut bien leur argent, et c'est la propriété et l'industrie qui ont supporté jusqu'à ce jour les charges de l'Etat.

Ne craignez pas que le crédit public, par cette mesure, soit ébranlé ; l'argent peut bien se resserrer un instant, mais il n'a de valeur que par la circulation qu'on lui donne, et si le riche voulait le garder, il se mettrait dans la position de l'avare qui garde son trésor ; autant vaudrait une pierre à la place, dit La Fontaine. Comme la vie est courte, que le bel âge s'enfuit, le riche voudra toujours en profiter. D'ail-

---

(1) Un archi-millionnaire, par sa mort laissera ses millions à ses héritiers sans que ceux-ci donnent un sou à l'Etat ; je dis qu'un propriétaire par son décès transmettra à ses héritiers un bien de cent cinquante mille francs souvent grevé de dettes les héritiers payeront au fisc sept à huit mille francs d'enregistrement. Cela est-il juste ?

leurs, ce n'est que par les sensations, les jouissances,
que l'on s'aperçoit de la vie ; et comme c'est la fortune qui en procure le plus, quel est le riche qui
voudra y renoncer? il se mettrait par là au niveau
du pauvre, et ses richesses ne lui serviraient à
rien.

Par cette sage mesure, le taux de l'argent baisse-
rait, le capitaliste deviendrait moins égoïste, il tour-
nerait ses capitaux du côté de l'industrie, de l'agriculture, l'une et l'autre en profiteraient ; car combien
de terres restent en friches faute d'argent, qui,
cultivées, préserveraient de ces années de disette
qui, quelquefois, apparaissent dans notre belle patrie
pour y apporter la misère et l'effroi ! Combien l'industrie et l'agriculture se développeraient, si le taux
de l'argent était moins élevé !

Ménagez surtout la propriété, si vous voulez
ramener l'abondance et la félicité parmi nous : car
c'est elle qui nourrit et fait fructifier tout ; le commerce n'est rien sans elle. Si le propriétaire, écrasé
par l'impôt, ne peut suffire aux charges que lui
impose le travail des champs, il n'achètera que le
nécessaire, et laissera de côté les produits de l'industrie qui ne vit que de la vente de ses productions :
tout languira. Le Trésor public en souffrira par le
retard qu'il mettra à s'acquitter envers lui. Ne vous
pressez pas tant dans vos réformes financières ; vous
croyez faire un acte populaire en ôtant les droits

sur le sel, impôt qui coûte le moins de frais de perception ; vous vous privez par là de soixante-douze millions qui vous sont si nécessaires dans la situation où vous vous trouvez. A bien considérer la part de sel qu'il faut à chaque individu, je crois que quatre à cinq kilos lui suffiraient par an, qui, au maximum, s'élèveraient à deux francs par an, à vingt centimes par demi-kilo. Mais il faut en déduire le prix d'achat et de transport, qui le porte à plus de moitié de la somme ; ce n'est que de soixante et quinze centimes que vous faites cadeau à chacun, et les soixante-douze millions que vous sacrifiez par cette mesure, bien loin d'être profitables aux masses, pèseront sur elles par le surcroît d'impôt que vous laisserez subsister.

Attendez donc d'avoir payé la dette publique pour entrer dans ces améliorations qui sont fort belles, que j'approuve, et qui sont si nécessaires ; mais ce n'est qu'avec du temps et des économies que vous y parviendrez.

J'aurais désiré que le journalisme eût momentanément maintenu le prix des journaux comme par le passé, et laissé à l'État le timbre qu'il prélevait sur lui, qui n'était qu'un impôt somptuaire mis sur le riche.

Mais, me dira-t-on, on ne saurait trop éclairer les masses, et si elles ne peuvent se procurer les bienfaits de la presse qui tend à les instruire sur leurs droits et leurs devoirs, elles languiront toujours dans leur ignorance.

Ce n'est qu'en baissant le prix des journaux qu'elles pourront se les procurer et se pénétrer de leurs droits politiques.

Je ne vois pas jusqu'à quel point cela peut être si nécessaire, quand l'Etat n'a rien négligé, comme il le fait aujourd'hui, pour faire pénétrer dans les masses l'instruction par les Ecoles primaires et autres qu'il a établies sur tous les points de la France. Croyez-vous que les Grecs, ces fiers répucains, à Marathon, à Platée, à Salamine, sous les Aristide, les Thémistocle, les Euribiade, ne valaient pas les Grecs civilisés de Périclès, d'Alcibiade ? Encore plus ceux du temps de Démosthène, lorsque Philippe sapait leur liberté, venaient sur la place publique demander ce qu'il y avait de nouveau, et que Démosthène leur répondait : « C'est Philippe qui, méprisant vos discours et vos jactances, marche pour vous asservir pendant que vous perdez votre temps à discourir. »

En effet, un peuple de discoureurs tend toujours à s'éloigner des principes qui l'attachent au travail d'où il tire son existence et sa tranquilité, pour devenir la dupe de quelque rhéteur ou chef de parti qui l'entraîne à sa ruine.

Cléon, à Athènes, fut cause de celle de sa patrie, et les jeux, les spectacles, corrompirent le peuple romain, au point que, négligeant ses devoirs et ses droits de citoyen, il n'était plus que le vil instrument du premier ambitieux qui se servait de lui, en le comblant de largesses ; et de cette démoralisation sortit la ruine de l'Empire.

A Dieu ne plaise que, par ces remarques, je veuille arrêter le progrès des lumières ; mais le peuple, par la nature du travail auquel il est destiné, ne peut guère s'occuper de politique, il n'en a pas le temps ; ne pouvant apprécier cette science, il ne peut que s'en faire une idée imparfaite qui le jettera toujours dans l'erreur. A mon avis, un peuple ergoteur n'est pas un peuple travailleur : l'histoire est là pour le prouver

Eh ! mon Dieu, la meilleure politique pour le peuple, qui vaut bien celle des hommes, entortillée et perfide, est celle-ci, sortie de la bouche d'un Dieu fait Homme : « Aimez-vous comme frères, soulagez-» vous mutuellement dans la misère : ne faites pas » aux autres ce que vous ne voudriez pas qu'on » vous fît. » Principes admirables, sur lesquels sont fondées toutes les lois politiques et sociales.

Je passe à l'armée. Le *Moniteur de l'Armée* dit que la première révolution n'avait que 150,000 hommes de troupes régulières sous la main, lorsqu'elle entra en campagne contre l'Europe coalisée. Comment, lorsque l'Europe entière était coalisée contre nous, 150,000 hommes ont suffi pour défendre l'indépendance nationale? Comment se fait-il que l'Europe, aujourd'hui révolutionnaire, c'est-à-dire que les peuples, reprenant les droits qu'ils avaient confiés à leurs souverains qui en avaient abusé, sortant du despotisme sous lequel ils étaient courbés, se relèvent plus grands que leurs rois, veulent des institutions en harmonie avec leur liberté, leur dignité et leurs droits ? Ce ne seront plus les rois qui seront les dispensateurs de ces bienfaits, jusqu'aujourd'hui ils s'en sont rendus indignes: ce sont les peuples qui, reprenant leur souveraineté, ne devront qu'à eux seuls d'être libres, et si quelques-uns laissent leurs rois debout, c'est pour leur apprendre qu'ils ne sont rien sans leur volonté.

C'est aujourd'hui la sainte alliance des peuples : ne craignez donc rien d'eux, vous ne devez que vous attendre à leur reconnaissance. C'est à votre exemple qu'ils doivent leur liberté. Plus de canons, plus de torrents de sang pour de vaines querelles pour la cause des rois : ils ne sont plus!... Un monde moral et politique a succédé à tant de forfaits ; et si jamais les peuples luttent entr'eux, ce ne sera que dans les champs du génie. Et de cette lutte morale naîtra leur bonheur.

Diminuez donc votre armée qui a près de 600,000 hommes et qui vous coûte un demi-milliard, le tiers de votre budget : par cette mesure, vous feriez une économie de deux cents millions, qui servirait à

éteindre annuellement la dette publique ; vous ren-
verriez dans leurs foyers des milliers de bras si
nécessaires à l'agriculture, et des soutiens à leurs
familles ; les mœurs y gagneraient, car les hommes
que vous enlevez aux plaisirs innocents des champs,
passant d'une vie simple à la vie agitée des villes, y
contractent des vices, des passions, dont ils se défont
difficilement ; et beaucoup prenant en aversion le
travail par la vie oisive qu'ils mènent dans les cités,
grossissent la classe dangereuse dont la société se
plaint aujourd'hui, et qui est une des causes de son
malaise. Les Etats-Unis, une des quatre grandes
puissances, se maintiennent sans armées, sans ma-
rines militaires. Vous me direz qu'on n'improvise
pas une armée, qu'il faut du temps pour faire un
soldat. Erreur ! Le Français est, de tous les peuples,
le plus belliqueux (1) ; la gloire et la patrie sont tout
pour lui, et dès qu'il est en face de l'ennemi, c'est
un torrent que rien n'arrête et qui entraîne tout
sur son passage. Un fait vient à l'appui de ce que
j'avance. Lors de la désastreuse campagne de Russie, où nous perdîmes la plus belle armée du monde,
non par le fer de l'ennemi, mais par l'intempérie
des saisons, avec quelques débris des braves qui
avaient échappé à ce grand désastre, l'empereur fait

(1) L'histoire nous apprend que de tous les peuples que les Romains
redoutaient le plus, c'étaient les Gaulois. La nouvelle de leur levée de
boucliers jetait Rome dans la consternation.

un appel à la Nation. Une levée de 300,000 hommes est décrétée pour arrêter l'Europe entière qui se ruait sur nos frontières. Eh bien ! c'est avec des conscrits pris à la charrue que Napoléon, non content de garder nos frontières, les dépasse et entreprend cette fameuse campagne de Saxe qui s'ouvrit pour nous par les plus beaux faits d'armes. Lutzen, Bautzen, Dresde, furent les trophées éclatants de notre gloire militaire ; et si à Leipsick la défection des Saxons, des Bavarois, n'eût eu lieu, nous serions sortis vainqueurs comme à Dresde.

Voulez-vous franchement faire des économies qui puissent éteindre la dette publique, qui est un réseau dans lequel la nation est enlacée, qui lui empêche tout mouvement ; vous pouvez faire une économie de deux cents millions sur le budget de la guerre ; de cent quarante millions sur les rentiers dont l'intérêt annuel se porte à plus de trois cents millions : soixante millions au moins sur le budget des places, qui se porte à cent soixante-dix millions, et qui n'était que de cent deux millions avant 1830.

Dans une République, les traitements doivent être minimes, le désintéressement, l'honneur doivent être mis à la place de l'or, et sous un gouvernement pareil on doit être fier de servir et de commander à des hommes libres, sans vouloir s'enrichir à leurs dépens. En laissant subsister pendant quelques années le budget tel qu'il est, sans surimposition,

voyons, avec les réductions que j'ai proposées, combien on pourrait faire d'économies par an. En ne
faisant aucune dépense en dehors des services
publics, je crois qu'on pourrait faire sur le budget
de la guerre, au moins deux cents millions, puisqu'il
est de cinq cents millions, par le nombre de troupes
que nous avons sous les drapeaux, et que l'on peut
remplacer par la garde mobile de vingt à trente ans
qui, en cas de danger, se porterait sur nos frontières, avec une masse de quinze cent mille hommes.
Réduction de la rente, cent quarante millions. Un
pour cent sur les créances hypothécaires, cent cinquante millions ; je ne parle pas des impôts somp-
tuaires, qu'on pourrait établir, et qui rapporteraient
des sommes considérables.

Avec ces réformes, vous obtiendrez six cents millions par an, qui, appliqués à éteindre la dette
publique, vous mettront, dans neuf ou dix ans, en
même de faire toutes les réformes sociales dans l'intérêt de tous. Vous nous donnerez un gouvernement
à bon marché, qui doit être le gouvernement Républicain dans toute son essence ; c'est-à-dire que
'honneur, le désintéressement, la vertu en seraient
la base ; vous moraliseriez la société ; vous rendriez
le peuple heureux ; car ce n'est que la misère qui
engendre les crimes, et produit le malaise qui tourmente et agite les états : et les citoyens accoutumés
à voir dans leurs administrateurs, des bienfaiteurs,

des amis, s'attacheraient de plus en plus à la patrie et consolideraient de leur affection le gouvernement de la République.

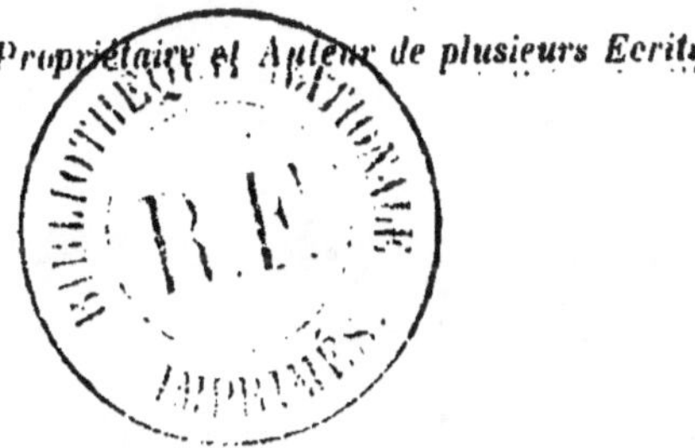

CAMILLE **MORIN**, de Brioude,

Propriétaire et Auteur de plusieurs Ecrits.

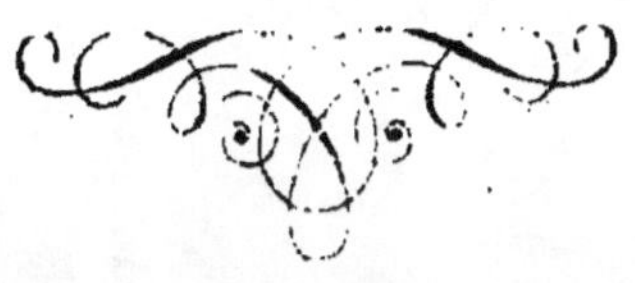

Brioude. — Imprimerie et Lithographie de L. Gallice fils